JN418977

약국가는 길

정병호 시집

自 序

쓰다는 것은 견딘다는 뜻이다.

씀바귀
씀씀이
썩다.

쓸개에서 나오는 쓴물을 삼킬 때
비로소 글이 나온다.

간(肝)에서 나온 사람들은
두려울 게 없다.

2016년 여름, 정병호

차 례

1부

2부

3부

4부

1부

삼길포에 가다

슬픔이 깊어져
떠나는 여행

나는, 상처를 통해서
풍경을 건너간다.

막막하도록
사람과 사람 사이,
그 사이의 깊은 틈.

언제부턴가
무게 중심을 잊고
한쪽으로 쏠려있었구나

시간의 상처가 흘린 피는 슬픔으로 배어들어
발끝의 그림자처럼 지워지지 않고

삼길포 가는 길,
상처대신
하늘색 점 하나가 찍혀있다

가슴마다 핀
너도 바람꽃
생(生)을
온통 밝히다가 진다.

경계(境界)의 꽃

쥐똥나무를 심자
경계가 생겼다

나와 너의 경계,
낮과 밤의 경계,

그 경계위에
끼리끼리 무리지어 벽을 높이는 일,
이보다 더 확실한 경계는 없다는 듯
쥐똥나무를 심는다.

서로가 경계 근처에 서서
보수가 진보를 보고,
빈자가 부자를 보고,
낮은 자가 높은 자를
바라보고 있다

쥐똥나무 꽃이 피었다 시들어
그 발등에 쌓여도
아무도 관심이 없다
지금까지 살면서
쥐똥나무가 무너졌다는 소릴 들어본 적이 있는가?

나를 들여다 보다

오래되었지만 버릴 수 없는 것들이 간혹 있다
아직도 소리가 나지 않는 워크맨을 가지고 있다
남들보다 먼저 가졌었고
남들보다 더 오랫동안 들고 다녔다

모든 오래된 것들은
아득한 미련을 남긴다.
그때는 별것 아닌 순간들이 떠올라
한참을 머뭇거리게 만든다.

한쪽씩 귀에 이어폰을 꽂고 들었던
노래가 생각나고
그 노래를 골랐던 레코드점도 기억나고
그때 받았던 사은품이
이젠 더 이상 사용하지 않는 천덕꾸러기 신세로
책상서랍 구석을 방황하고 있다

미련은 잡고 있어봤자 서글프다
서글픔은 슬픔을 낳는다.
서글픔은 조용히 침묵해 있지만
가만히
나를 들여다보면서
울고 있다

오래된 것들이라고 다 버릴 순 없지만
간혹 버릴 수밖에 없는 것들도 있다

그럴 수밖에 없다

香氣

지나간 것은
말하지 않아도
들리는
마음과도 같은 것,

책갈피처럼
우리의 삶 어딘가에 끼워져
어쩌다 한 번씩 들춰낼 때마다
고스란히 드러나는
지나간 추억.

지나갔을 뿐인데
지나갔을 뿐인데
세상의 모든 것이 다
지나가는데

아직도 가끔
난, 거기에 서 있다.
아무런 힘이 없는 것이
나를 붙들고 있다.

되돌아오게 한다.
되돌아가지 못하게 한다.

그림자 골목

길은,
나른한 고양이 수염처럼 아득하다.

일상에 불룩하게
괄호가 하나 삽입되었고,
이 괄호 속에는
끝나지 않은 책임이 들어있다.

많은 이름이
나를
그림자 속으로 끌고 들어간다.
몸에서 가장 먼 발끝,
내려다보는 자리가 벼랑이다

풍경으로 남을 수밖에 없는 간격
골목길 마지막 집의 백열등 노란빛이
캄캄한 바다의 등대처럼
먹먹한 내 가슴에서 깜박거린다.

잃어버린 열쇠꾸러미를
가로등 아래서 찾고 있다.

그림자가
나를 본다.

고통을
똑바로 바라본다.

개양귀비

확 펼쳐진 보자기에
주름이 보이네.
오랫동안 꼭꼭 싸 놓은 자국이네

젖은 마음을
제 때 추스르지 않으면
구겨진 자국이 오래도록 남는 것처럼

길 위에 눈물짓는 당신에게
그 빛을 보내네.
당신의 눈물을 닦아주네.

그 빛을 두고 오는데
등 뒤에 따라오며
떠오르는 별,

재(炭) 속에서 금빛을 만들 듯
원형의 꽃잎으로
태양을 만드네.

네가, 내 꿈에
나와 함께
한참을 잠들어 있었네.

구절초

아무렇게
아무렇지 않은 듯 지나치다

문득,
뒤돌아보다가 바라본
너.

다시 돌아가
네 앞에
아홉 번이나 꿇어 엎드린

아무렇게
아무렇지 않게

문득
지나친 죄(罪)

심장 (心臟)

한겨울, 박태기나무를 바라본다.

간음한 여자처럼 이름표를 달고 있다.

이름 없는 것들이 돌멩이를 던진다.

햇볕도 차다

겨울비

소설(小雪)이 한참이나 지났는데 비가 내린다.

예지엄마, 숙자씨가 서울 큰 병원에서 읍내 병원으로 다시 돌아왔다.

눈이 내려도
어쩔 수가 없다

이젠
어쩔 수가 없다

外反

그림자가 깊은 길을
걸어오는 동안

삐죽이 드러난
밖으로 굽은 슬픔,

일상으로
튼튼해진 슬픔을 우겨 넣는다.

낡고 오래된 기억들이
뼈처럼 완고하다

아내의 화장

세상의 관심이 지나쳐 가는 동안

혼자서 밥을 먹고
혼자서 차(茶)를 마시고
혼자서 노래하고...

어지러운 마음에
슬픔이며, 한탄이며
가라앉힐 것은
억지로 가라앉힌
앙금.

*쌀랑쌀랑 싸락눈이
창(窓)밖으로 내리는
저녁,

거울을 들여다보며
아무리 찾아보아도
보이지 않는
낯선 여자

혼자가 된
시든 꽃

*백석의 시(詩)에서 인용

천왕성

난,
네 휴대폰에 존재하지 않아.
주소록에도 없고
카톡에도 빠져있어.
지난 앨범을
아무리 뒤져봐도
보이지 않지

난, 네게서
가장 멀리 떨어져 있어.
가장 멀리 있어도

눈을 감으면 보이는
가장 빛나는
별(星) 하나

경계의 고집

짬짜면이란게 생겼다.
짬뽕도 먹고 짜장도 먹고

경계를 기준으로 나누어진
짜장과 짬뽕
짜장을 짜장답게,
짬뽕을 짬뽕답게 지켜내는
저 완고한 고집

넘어서면 개밥이 되어버리는
욕망의 경계.

갑과 을처럼,
정규직과 비정규직처럼,
보수와 진보처럼,
짓밟은 자와 짓밟힌 자처럼,
분명하고 확실한
삶과 죽음의 경계

이 명확한 경계를 거리낌 없이 넘나드는
나의 젓가락
아직 할 수 있다는 가능성과
이젠 할 수 없다는 아쉬움의
탐욕(貪慾).

짜장이 짬뽕이 될 수 없는
경계의 높이

짜장과 짬뽕을
제 마음대로 오고가는
내 젓가락

태초의 말씀

고통을 말하기.
고통으로서 말하기.

그리고
고통을 위해 말하기.

태초에 말이 있었다.
몸이 태어날 말이었다.

머리가 아니라
고통이,
사무치는 아픔들이.

보신탕집 애완견 뽀삐

내가
아브라함 품에 안긴 까닭은

나는,
절대로 개가 아님을
믿는 까닭이다.

그 믿음을
아브라함에게 인정받기까지
개가 아닌 듯 살아가는 게
얼마나 지옥인지 모를 것이다.

한 모금의 물을
너희 입에 적셔주지 못할
큰 궁창(穹蒼)이

너와 나 사이를
가로막고 있다는 사실처럼

달빛 아래를 걷다

얼마나 쉽게 시간에 묻히는
기억들이, 일들이, 사람이, 추억이, 잘못들이,
다짐들이 많은지 헤아릴 수 없다

피를 나눈
할아버지, 할머니, 외할아버지…
흘러간 사람보다
기억에 남은 한 송이 꽃이
더 소중하고 아름다운데

삶이란
잊히는 것,
잊어버리며 사는 것,
늘 죄를 만들며 하루를 보내는 것,

나
기억보다 강하게 버티어 섰는가!

그립단 말을 묻어버리고
저녁의 꽃을 찾아 나서는 저녁

증명사진

문득, 오래된 증명사진을 찾았다.

사진 속의 나는,
기억 밖에서 분실해버린 거짓말처럼
내 기억 밖의
내 모습이다.

가슴속에 이빨가진 짐승의 발톱이
깊숙하게 숨은 상처 앞에
낯설게 발을 내민다.

버리고도 기억하지 못한 상처가
기억 밖으로
나를 밀어낸다.

세상의 슬픔은
늘 검은 상자 안에 담겨있다

밥벌이

아버지는
주발에 가득담긴
고봉밥을 드셨지요.

한나절, 들에서
열심히 일하시고 돌아와
허기진 배고픔을 채우셨지요.

가난한 삶이
고봉으로 가득한 밥그릇을
밥 한 톨 남기지 않고

비우는 일,
잘 비우는 일
주발 가득한 빈 허기를

잊지 않는 일

2부

맥문동 꽃 옆에서

화단 구석
맥문동 꽃을 봅니다.

가만히
시(詩)를 찾고 있습니다.
쭉 뻗은 보라색 꽃 사이에서
아주 큰 눈(眼)까지 보았습니다.
그 큰 눈에 빠져
꽃의 아름다움과, 효능과, 역사와, 신화를
지나가는 순간,

꽃이 먼저
기억의 숲을 지나
써지지 않는 시 한 편을 붙들고 있는
나를
보고 말았습니다.

누군가
맥문동을 잘 아느냐고 물었지만
알지 못하는 꽃이라 말하고 말았습니다.

뻔히 보라색 얼굴로
나를 바라보는
그 옆에서...

거울 속에 핀 꽃

한 여자가 거울을 보며
'냉이 꽃이 시들었네.' 라고 말합니다.

시든 냉이 꽃 위에
화장을 합니다.
옷장을 뒤적이며
이 옷 저 옷 꺼내어 입어 봅니다.

찬바람 부는데 입을 옷이 없다고
투정을 부립니다.

달력을 보니
벌써 입추(立秋)가 지났습니다.

못

아무렇지도 않게 4월이 왔어 기다림이 바싹 말라 갈라져 버렸어 상처 틈으로 바닷물이 밀물과 썰물로 드나들어도 이젠 아프지 않다는 거야 가장 두려운 건 이젠 상처가 깊이 패어도 아픔을 모르고, 슬퍼도 슬픔을 모른다는 것, 잊어도 잊는 줄 모른다는 것이지 죽어서 잊히는 건 어쩔 수 없다 하지만, 살면서 잊히는 고통까지 잊고 있다는 것, 여린 마음에 딱딱하게 굳은살이 대못처럼 박였다는 것, 네가 아프게 몸부림쳐도 이젠 아무렇지도 않게 끄떡하지도 않는다는 것, 돌아보니 잊힌 자에게 너무 멀리 떠나왔어

결국 홀로 남게 되었을 뿐이지

편의점이 바라보다

편의점은 손님에게 무관심하다 새벽에 삼각 김밥과 신문 한 장을 계산해도, 한 밤중에 컵라면과 소주잔을 기울여도 헛기침이 잦았던 옛 주인처럼 왜냐고 묻는 법이 없다 편의점으로 바뀌면서 나는, 그저 삼각 김밥의 바코드처럼 무관심하게 읽혀졌다 새벽에 가도, 한 밤중에 찾아가도 그 무관심한 눈(眼)은 내가 원하는 게 무엇인지 잘 알고 있었다. 내가 필요한 것이 꼭 내가 필요한 만큼 이상으로, 진열장에 채워져 있다 지극히 무관심한 눈으로 나를 들여다보고 있다 아침밥을 굶고 서둘러 새벽부터 일터로 나가는 나를, 한밤중에 지쳐 주린 배를 틀어쥐고 편의점 앞을 지나는 나를, 그 편의점은 묻지 않아도 알고 있었다. 나도 모르는 나를, 그 편의점의 무관심한 눈은 이미 오래전에 알고 있었다. 나보다 더 나를 잘 알고 있는 편의점이 무서워졌다 무관심한 눈은 무관심한 듯 나를 쳐다본다.

할미꽃

문득
누군가의 뒷모습이
말을 걸때가 있다.

뒤돌기 전까지
흘린 눈물을
알고 있다

앞에서 한 말을
뒤돌아서서 한다는 것만큼
참 힘든 일도 없지만

언제나
그 꽃 앞에서
등 돌릴 수밖에 없었다.

그 겨울 지나고
봄이 왔지만…

살아남은 자들의 몫

누군가,
죽은 자의 입을 빌려
슬픔은 살아남은 자의 몫
죽은 자처럼 말하고 있다

말과 말 사이 빈틈 속,
바닥으로부터 기어 올라온
썩은 혀가
길게 드리워져 있다.

드리워진 혀 위에 오롯이 서서
주위를 두리번거린다.

낮말은 내 심장이 듣고.
밤 말도 내 심장이 듣는다.
내가 뱉은 말에 내가 아프다.
내가 불안한 이유다.

나는,
내가 유감이다.

해는 많이 기울어
하늘의 두 뼘쯤에 걸려있고
나의 시간은 깊은 늪에 빠졌다
불편한 기억은 우울하고 불안하다.

늙은 베르테르를 문 밖에서 배웅하고
돌아오는 길

슬픔은
살아남은 자들의 몫이다.

풍경이 지나갔다

한적한 시골길을
태엽이 다 풀린 시계추처럼
지나가버린 시내버스.
먼지 쌓인 낡은 의자에
시간이 머문 자리

비 지나가면
비 지나간 자리 젖고
비 지나간 자리,
별이 찾아와
비 맞은 자리 말리고 간다.

그 모든 것들은
목을 한 방향으로 내밀고
하염없이 기다린 후에야 오는 것들,
온몸에 가시가 돋치는 일
혼자서 우는 일이었음을

모든 것들 머물다 가고
모든 것들 지나간 후
알게 된 늦은 후회
무엇이든 깊이 관조(觀照)하다보면
삶은 더욱 하찮아지고

바람처럼 머물다
안개처럼 사라진 자리,
사랑이 지나간 곳이었음을...

풍경이 지나 간 자리
붉은 초승달 떴다

복수초

(I)

입춘과 경칩 사이
눈 내린 겨울 숲.

혼란한 계절이
길을 잃었다.
기–인 제 그림자를 보고
상처의 깊이를 잰다.

누구나 살면서 길을 잃는다.
계속 가다보면
반짝이는 것 하나쯤은 만날 수 있다

이 세상 모든 상처는
이름을 갖고 있다

(Ⅱ)

복수초가 피었다는 소식은
이미 오래전에 들었다.

피어날 때 피어나는 것이 봄꽃이지만

저렇게 작은 것들도, 때론
누구와 눈 한번 마주칠 일이 없는 것들도
저렇게 피어나는데

꽃을 바라본다.

아직은 살아야겠다.

수직의 길

담벼락이 수직으로 길을 막으면
아무도 더 이상 앞을 나갈 수 없지만
담쟁이 넝쿨 앞에선
그런 벽이란 세상에 없어

담쟁이는 알고 있지
우뚝 선 벽처럼 세상에 외로운 게 없지
외로운 게 별건가?
틈이지. 틈이 생기면서
벽은 외롭게 되었거든

빈틈을 감지해내는 본능
세상의 모든 벽을 길로 만드는
타고난 재주
담쟁이 넝쿨에겐
가로막힌 길이란 세상에 없는 거지

불안의 빈틈을 부여잡고
틈에서 틈으로 건너뛰는
수직의 길.
무릎걸음으로 걸으며
'사이'에서 깊게 울어야 했던
길 위의 생(生)

한번 떠나온 길,
되돌아가기엔 너무 멀리 왔을 때
그저 앞만 보고 갈 뿐이지

꿈의 규격

참 오랜만에 옛 친구들을 만났다
정치가를 꿈꾸었던 반장
하늘을 날고 싶었던 내 옆 짝꿍
기차를 타고 아주 먼 곳으로 떠나고 싶다던
철없던 시절의
나.

그 허황된 꿈들이 사라지고

서울에서 집값이 싼 신도시로 옮긴 얘기며
마누라 몰래 주식투자로 쪽박 찬 쓴 웃음,
벌써 사위 보게 생겼다고
자랑 아닌 자랑으로
쓴 소주를 쓴 입으로
다시 한 번 털어 넣는
쓰디 쓴 반복.

허황된 꿈들은 풍화되고, 때론 부서져
모날 것 없는 둥근 돌멩이로
규격화 된 삶.

꿈이 없는 내일은
무엇을 할 것인가?

아무도 입을 열지 않는다.

파란장미

시(詩)를 쓰는 여자를 알고 있다.

유명하지도, 예쁘지도 않은 여자
일상을 어루만지며 지친 여우의 모습으로
앉은 여자
시를 쓰겠다고 하루 종일
눈 밑이 젖어 마르지 않은
그 여자.

한 여름이 지나간 자리는 주름이 지고
써지지 않는 시가 늘어진 가슴처럼 땅에 닿았다.
단 한편의 시면 된다고
아우성인 여자.

말할 수 있는 언어를 가지고 있지 못해
그 누구에게도 말해줄 수 없다고 한
그 여자.

세상에서 가장 아름다운 꽃

거울을 들여다보며

빈 항아리 속이
비어있다.
빈 것을 보고
'비었다' '寂滅'하다 '無我'라고 쓴다.

빈 항아리 속에
가득히 찬 것을
나는,
아직 보지 못하고 있다

거울속의 나,

시(詩)를 만나는 일이 자꾸 낯설어진다.

베지밀

콩밥, 콩국수, 콩두부…
할머닌 콩으로 요리한 음식을 좋아하셨지만
베지밀만 못 마셨어요.

베지밀은 약(藥)이라고
저걸 마시면 죽을 수 있다고,
주문을 외웠지요.

마른 콩들은 늘 버릇이 없다고
가을 하늘까지 튀어 오르는
할머니 말씀.

냉수 한 사발로
그 어지러운 날들을
이젠 꾹 눌러 둘 뿐이지요.

밥을 드시지 못하는 할머니를 위해
아침마다 배달되는
베지밀 두 병

따끈하고 고소한 냄새,
온기가 남은 병만 만지작거려도
일순 군침이 도는

개나리

오라는 봄은 안 오고
눈발이
오후 2 시 햇살처럼 쏟아 붙는 날

고양이가 눈을 뜨네.
태양이 들어갔네.

어떤 바람에도 꺼지지 않는
지포 라이터

그대, 내 가여운 속
허허로운 벌판에 활활 불 지피지 마시라.

고래

그 여자를 위해 할 수 있는 일이라곤
집 앞에 데려다 주는 일 말고는 없었습니다.

아무 일도 일어나지 않았지만
아무 일도 일어나지 않기 위해 노력했습니다.

먼 바다에서 고래를 기다리는 사람처럼
나나 그녀나
첫사랑을 기다렸습니다.

이제, 생(生)의 엔진이 모두 꺼지고
흔들리는 물결에 각자 흔들리며 떠돌 때
우리는 약속처럼
떠나 간 것을 다시는 기다리지 않기로 했습니다.

어느 날 문득,
검은 일획을 그으며
나타났다 사라지더라도

배롱나무 풍경

배롱나무가 물끄러미
풍경의 뿌리를 들여다본다.
오래된 미련은 서글픔처럼 조용하다
가만히 나를 들여다보면서
운다.

상처(傷處)다, 틈사이로 피었다가
틈사이로 꽃이 진다
이젠
마음속에 든 칼은 녹슬고,
무뎌지며

무례하지 않은 늦은 비가
결핍을 예감했을 때
가장 약한 신경, 가장 약한 근육이
일순 무너진 경계의 틈새로
스며들고 있다.

따뜻한 슬픔이
마음속 칼날을 시퍼렇게 세우고
파도처럼 돌아오고 있다

슬퍼도 가려운 귀,
푸른 댓잎위로 섞인 비에
우수수 목숨 지는 줄 알면서도
온몸을 바르르 떨며
몸과 마음의 경계를 지우고 있다

그늘 밖에서
자기 그림자를 보고 있다

白露

한나절 웃다 고개들어보니
눈부신 슬픔들이 지고 있다

떠날 사람은 떠나고
홀로 남겨진 자(者)는,
정겹다

꽃잎과 꽃잎
그 사이

그가 머문다. 머물러도
이젠 젖지 않는다.

참 맛있는 슬픔이다

그림자

그림자가 나를 본다.

그림자 없는 삶,
얼굴은 지워지고
실루엣만 남았다

몸에서 가장 먼 발끝,
내려다보는 자리가 벼랑

그림자가
나를 끌고
사막을 건너가고 있다

하지(夏至)의 대낮은
너무 사려가 깊다

민들레

민들레 뿌리를 차(茶)로 다려 마시면
자궁암에 좋다고
누군가 사소하게 봄바람처럼 건넨 이야기를
그녀는
민들레의 뿌리처럼 믿고 있다

얼어붙은 세상 쪽으로 손 뻗고
바람에 떠도는 흙먼지 속에
등 부비며 뿌리내리며 살아온
삶,

이 세상,
가장 잘 마른 이별
이제야
사랑의 깊이를 알 수 있었다니

바람이 분다.

'사랑한다.'
'사랑한다.'

내,
*이 세상 온전히 떠난 뒤
남을 것!

* 조지훈 민들레꽃 인용

그림마당

그 詩人이 서울 생활을 청산 하시고 향리로 돌아 오셨다. 수십 년 식구로 함께 한 산수유 한 그루도 함께 데려 오셨다. 가장 먼저 하신 일이 마당을 꾸미시는 일이었다. 산수유 옆이 허전하여 배롱나무도 모셔왔다. 마당 여기저기 모셔온 꽃과 나무가 많다. 하물며 애기똥풀까지 현관 가까이 모셔두었다. 흔하고 쓸데없는 것들을 모셔와 정갈하고 아름다운 마당을 이룬다. 마음의 그림이다. 모시고 온 하나하나가 손님이 아니라 내 집의 주인이라 하신다. 詩도 따지고 보면 모시는 일이라고 말씀하신다. 낮은 목소리로 '이게 내가 가꾼 마당이야 , 내 마음의 정원이지' 그러신다.

지금 그의 마당엔 그림 언어로 가득하다.

3부

安否

당신은
치자 꽃이 피었다고
천리(千里) 밖에 있는
내게, 연락을 했어요.

상처(傷處)가
꼭 치자 꽃을 닮았다고
말 할 사이도 없이

세상의 모든 꽃은
살금살금
술래처럼 피기 때문에
눈으로 보지 말고
마음으로 보라는
당신의 말씀.

시드는 꽃이
추억을 뚫고 지나가는
그 사이

나를 알고 있다

사는 게 그러니
그냥 그러려니 살다보니
많은 것들을 내 안에서 잃어버려
한동안은 눈앞에 있는 것도
부정하는 병(病)아닌 병을 앓다가
어느 겨울밤
달빛 차가운 꽃가지 밑을 지나가다가
문득,
매화…

그래,
꽃이 피지 않아도
나는
그 나무를 안다

우리가 약속처럼 만난 적 있던가,
약속하지 않아도
언제 그 꽃이 안 피운 적이 있던가.

꽃이 피지 않아도
그 나무가
나를 알고 있다

연탄재

볕도, 불도 아닌 것들이 항시 까불더라.

원래 뜨겁지 않은 것들이 차지도 못하지.

.

그 중간쯤도 아닌

나의 자화상

大雪

하늘가득
외 날개 나비 떼들이
와락 달려든다.

나는,
꽃이다
만개(滿開)한 생(生)이다

못 찾겠다, 꾀꼬리

진실이가 술래였다는 사실을
난,
까맣게 잊고 있었다.
모두가 약속이나 한 듯
집으로 돌아가
둘레 밥상에 차려진 맛있는 저녁을 먹고 있을 때

못 찾겠다,
꾀꼬리 꾀꼬리 꾀꼬리 나는야 술래
진실이가 부르는 소리

교회당 지붕위로 떠오른 음산한 달빛
까맣게 키 큰 전봇대에 기대어
못 찾겠다,
꾀꼬리 꾀꼬리 꾀꼬리 나는야 술래
진실이가 부른다.

'저앤 어미도 없다느냐!' 엄마가 등 뒤에서
고양이처럼 무섭다
엄마도 무섭고
진실이도 무섭다

못 찾겠다,
꾀꼬리 꾀꼬리 꾀꼬리 나는야 술래
진실이가 아무리 목청껏 불러도

난,
가지 않았다.
갈 수가 없었다.

진실이가 운다.
강아지도 멍멍멍
함께 울고 있다.

섬아기

아이들만 남은 집,
철문이 닫히고 나면
집은 그대로 섬이 된다.

그 섬에 아이들만 남아

불이 났다.
바닷물은
이제 성냥불 하나를 끌 수가 없다

일곱 살, 두 살
어아들만 남은
집

젯밥

아버지는 너무 늦게 병원에 가셨다 아무것도 잡수시지 못하고 영양제와 진통제만 맞았다 돌아가시기까지 얼마나 배가고프셨을까 저승 가시는데도 배가 고프실까 하루 한 개씩 빵을 들고 아버지께로 갔다 언제나 내가 먹고 싶은 빵을 사들고 아버지에게 갔다 단팥빵도 가지고 가고 카스텔라도 가지고 갔다 밀가루 음식이 싫다고 땀에 전 아버지의 곰보빵을 먹고 목이 멘 기억도 가지고 갔다 곰보빵을 들고 아버지에게 가는 길에 우유식빵 냄새가 난다 난 한 번도 우유식빵을 가지고 아버지에게 간 적 없는데 아버진 어디서 저 맛있는 식빵을 구하셨을까 얼마나 맛있게 드시기에 온 숲이 배가 고플까

목련꽃 풍경

목련꽃 아래
우산을 받쳐 든 할머니가 봄나물을 판다

어린 쑥 한 바가지
봄내 가득한 냉이 한 바가지
손자 생각 가득한 냉이 한 바가지

천 원짜리 몇 장이면
금세 꽃그늘 탈탈 털고 일어나
손자에게 달려가
꽃그늘 환해지는 자리

햇빛 밝은 날
목련꽃 아래에 서면
눈(眼)이 젖는다.

우산을 써도
그저 젖을 수밖에

소금 꽃

누이의 얼굴엔
화상자국이 꽃으로 피었다.

단 한 번의 실수가
그날의 기억을 비문으로 읽고 있다
지독한 가난을 가슴에다 묻은
짜디 짠 팔자,
세상의 모진 바람 끌어와
세상에서 흘린 눈물을 말리는
염전(鹽田)이 되었다

상처에 기대어 사는 바람들
꽃이 될 때까지
소금 꽃이 될 때까지
앙금으로 남은
바다보다 깊은 슬픔,
그 흉터를 더듬으면
지나간 상처가 아프다

세상의 풍경은 밖으로 지고
상처는
내, 안에서 피었다

세상의 모든 상처는
꽃이다

삼손을 꿈꾸다

애드벌룬 하나가
깊은 물속에서 숨을 참고 있다
누가 그 문을 열어두었을까
천 마리의 종이학 날아간다.

팔을 길게 어둠 속에 들이밀어도
꺼낼 수 없는 깊이에 가라앉은
꿈은, 슬프다
꺼낼 수 없는 깊이에
가라앉은 어둠처럼
제 스스로 침을 뱉지 못한다.

휘청거리는 오후의 길을 따라
파라다이스로 가는 티켓을 샀다
꿈속도 꿈이고
꿈 깨도 꿈이고
끝없는 꿈속의 길,
기쁜 꿈이 가끔
더욱 슬퍼질 때가 있다

갑자기
낙타처럼 걸어온 내 길들이
미치도록 보고 싶어
뒤돌아 봤을 때
발바닥에 눌어붙은 길들이
나보다 먼저 흐느끼고 있었다.

내 꿈에
길을 잃다

틈

갈라진 틈 사이에서 광대나물이 꽃을 피운다.

씨앗 품어 꽃눈이 트는 틈이란,
마음의 가뭄으로 갈라진 틈이 아니다
빛을 받아들이는 여백이어야
비로소 한 생명을 품어 틔울 수 있는
틈이 되는 것이다

틈이 있음으로
열려 있음으로
기다림이 되는 것들을 헤아려 본다.
그래서 닿을 수 있는 길,
경계가 혼란스럽거든
기다림의 틈과 마주한 시간
그저 묵묵히 뿌리내릴 일이다

섣불리 변명하지 말지어다.
때가 되면
잎이 나고
꽃이 피는 것을

한 잔의 추억

술 한 잔 걸치고 집으로 향하는 퇴근길,
얼마나 많은 길들이 휘어지고 흔들렸던가.
술이나 한 잔 걸쳐야
내 일상이,
삶이 흔들리고 비틀어졌다. 그게 다
술 탓이려니
술이 깨면 모든 길은 제자리를 찾고
이정표는
길 위의 모든 이들을 안전하게
자기들 집으로 안내할 것이라
믿었다. 그러나 이제는
술을 마시지 않아도 안다.
길은, 언제나 파도처럼 출렁거린다.
길 위의 집들이 너무 쉽게 무너질 수 있고
바람에 따라 수시로 바뀐 이정표가
때때로 나를
속여 왔다는 사실을
이 위태롭게 출렁이는
길 위에서

거짓말

믿을지 모르겠지만
난, 함부로 거짓말을 하지 않거든
그저 일상일 뿐이야
습관적으로 마시는 커피이며
맥주이고 , 교통카드인지도 몰라
나는 짖지 못하는 개와 단둘이 남겨졌어.
개 이름이 몽이거든
몽몽몽 하면 느릿하게 내 품으로 안기지
내가 양손에 힘을 빼고
아주 천천히 13층 베란다에서
저 밑바닥으로 이놈을 내던진다고 해도
아무 일도 일어나지 않을 거야
철퍼덕 소리와 함께
녀석의 몸뚱이가 으스러진다 해도
아무도 나를 찾지 않을 것이거든
어제,
혼자 사는 할머니가
베란다 밖으로 몸을 날리는 것을
이 두 눈으로 똑똑히 봤거든
시멘트 바닥이 그녀의,
생(生)의 단단한 마지막 벽이었지

그 단단한 바닥에 철퍼덕
그 여자의 몸뚱이가 바스러졌어.
내가,
관대한 용서를 그리워하며
단단한 바닥을 응시하듯
많은 눈들이 커튼 뒤에 숨어서
그 여자의 불행을 관대하게 용서했어.
아무 일도 일어나지 않은 일상처럼
사람들은 지하 슈퍼를 다녀오거나
시내버스를 타려고 종종걸음으로
그 앞을 지나쳐 갔어.
아주 적막하게 저녁이 왔을 때
그 일은 순식간에 거짓말이 되어버렸어
그래서 난 거짓말을 자주하지

대박

드디어 출발합니다.
3번말 [새벽대박]이 안쪽레인으로 선두를 잡는 가운데, 7번말 [고무말굽]이 그 뒤를 바싹 뒤쫓고 바깥레인의 [오직대박]은 선두권 탈환을 엿보고 있습니다. 아 그런데 이게 웬일입니까! 그동안 부상에서 회복한 [흥부박]이 제비 울음소리를 울리며 뜬금없이 치고 들어옵니다. 이와 동시에 다크호스라는 [한방]이 선두권 밖으로 처져있는 상황입니다. [마지막대박]도 [흥부박]을 따라잡지 못하고 있습니다. 그 중간에 [칠공주]와 [왕따대박]이 사이좋게 달리고 있습니다.

경마장에서 집으로 돌아가는 길

타워팰리스가 보인다.

달맞이꽃

취모검이란, 칼날위에 머리카락을 올려놓고
입으로 후우 불면
그 한 올도 싹둑 잘린다는 날카로운 칼이다

북두칠성 속에 감춰 두었다
별이 보이지 않는 날엔
달맞이꽃,
단단한 벽이다. 독방처럼
석자 칼집에 숨어서 운다.

내 칼은 무뎌진 칼,
가슴 한복판을 관통하는
그리움을 사살(射殺)하기 위해
칼날위에 올려놓고
입으로 후우 불면
뼛속 깊숙한 생채기만 난다
비를 맞는다. 녹슨 자국마다
쓰리고 아프다

세상 어떤 칼집으로도 감쌀 수 없다
여전히 하늘은 무겁고 매미소리 가까운데
나는, 남루하다

마른 자궁처럼 그 자리, 돌아가
편한 숨 쉬고 싶다
세상이여
이젠 내게 칼집을 돌려다오!
칼에 베인 자의 상처 속으로
상처 입은 자가 숨는다.
칼에 베어서 뚝뚝 피 흘린 상처마다
상처 입은 자의 칼이 된다.
석자 키, 위험한 칼
노란 달맞이꽃

망초꽃

몸 전부에 습기가 덤벼든다.
열린 창문을 기웃거려보고, 수공예품 가게에 들려
눈 참견도 빼놓지 않고
나는, 여러 번
이 도시를 돌고 또 돈다.
미로(迷路)보다 더 난감한 골목길을 따라
물처럼, 누군가가 더 이상
그리워지지 않을 때까지 흐르다가
결국 제자리
망초 꽃 핀 자리로 되돌아온다.
뒤돌아보면 나는
수심 깊은 강 하나를 건너왔을 뿐이다
마침내 너에게 닿아서가 아니라
네게 가고 있다는 사실이 기쁨이었던 시절,
우수수 목숨 지는 줄 알면서도
길이, 길이 아닐 때
목마름의 절벽에서
몸과 마음의 경계를 지워낸

너, 망초 꽃.
유월의 장맛비속에서도 젖지 않고
허리에 바람을 안고 흔들리며
환하게 웃는 네 얼굴 위로

시위를 떠난 화살이 과녁에 꽂히듯
내 기억이 네게 침투한다.

망초 꽃그늘 아래
그림자하나 울고 있다

혼선(混線)

흐린 날에도
분명한 경계 저쪽,
더 짙은 어둠이 있다
수많은 선(線)들이
어둠속에 엉켜있다.
흐린 날,
시내버스를 타고 거리를 지나며
길거리 간판으로 내걸린
당신의 기억을
본다.
간판아래, 또렷하게 보이는
전화번호로
당신에게 전화를 걸지만
피자가게이거나
혹은, 하루의 운명을 점치는 점쟁이의 집이거나
잘못 걸린 통화로
종일,
뚜뚜뚜뚜뚜

불통.

흐린 날에도

분명한 경계 저쪽,

종점(終點)앞에서…

4부

손금

밤눈 어두운 아버지
명륜동 산 27번지 오르는 골목 찾지 못하고
짧은 한 생(生)
로터리 포장마차에 내려 놓으셨다

내 영혼 가만히 손잡고
한 겨울을 견뎌낸 나무와
발에 차여도 화답하는 돌멩이의
가시밭길,
펄펄 끓는 역사를
온 몸으로 받아 넘기신
아! 아버지의
그 먼 길

어머니의 이마에 깊게 얹혀있다

다리가 붓도록
한평생 걸어 오셨다

백목련

바싹 마른 그 집 목련나무가
마른기침을 쿨럭 거리자
가지 끝 상처마다 하얀 꽃 핀다
그 집 안마당의 목련꽃이
그토록 아름답게 피웠던 적을 생각해 본다

어느 해는 피었지만
그가 오지 않았거나
그가 왔으나 계절이 아니었음을
기억하고 있다

실낱같은 탄식이 심연에서 울린다
모든 사소한 관심이
소리 나는 곳으로 만개해 있다
들켜버린 누추한 기억,
아침부터 혼절해 있다

배추흰나비 한 마리
고요한 마당을
휘돌고 날아갔을 뿐이다

霜降

할미꽃이 말이 없다 그 옆집,
원추리나 도라지꽃도이젠
침묵이다
고요한 집들의 문은 닫혀있다

문을 닫고
기-인 낮잠을 잤다

자면서 꿈을 꾸었는데, 꿈속에서 사람을 힘껏 걷어찼는데
화들짝 깨보니 거실 유리창이 박살나
유리조각이 바닥에 흩어져 있다

깨진 유리파편들이 인생의 슬픔인 듯
침울한 빛으로 반짝거렸다

불혹(不惑)

단골로 드나들던
황금다방 미스 김 손도 한 번 잡아보고
언감생심,
가끔은 단골 카페 윤 마담의
시린 젖가슴도 만져보고
실오라기 하나 걸치지 않은 처녀 귀신이
젖통이 터지도록
등 뒤에서 나를 껴안는 그 순간에도

이제는 요지부동이다
당최 일어설 기미가 보이질 않는다.

죽은 아들 불알 만지듯
따뜻한 손이
아궁이를 지필 때가 있다.

시도 때도 없이
벌떡,
꽃이 필 때가 있다

부처 꽃

연꽃 만나러 가는 길에
부처 꽃을 만났다

낯선 그를
내가 어디서 만났을까?

명함을 뒤지고,
혹 아버님 장례식 때 오신 그 손님인가 하여
오래된 명부에서 찾아보지만

그냥 '부처 꽃이에요'하는데
낯선 그와
어디서 헤어졌을까

그 꽃이,
부처의 눈으로 나를 바라본다.

아!
그때서야 그 사람이 생각이 났다.

점심에 설렁탕을 먹다

내 나이도 젊지 않다는 증거가 있다 한 여름에도 뜨거운 음식이 좋다 뜨거운 탕 한 그릇을 목구멍으로 밀어 넣어야 뱃속이 든든하다 이렇게 먹어야 살맛이 난다 세상이 나를 용서하리라 믿으며 산다. 낯 두꺼운 뻔뻔함이다 내 마음이 식었다 옛사랑을 잊었다고 이제는 옛사람이 찾아와 탓하지도 않는다. 펄펄 끓는 설렁탕에 혓바닥이 뜨겁다고 몸부림을 쳐야 내 허물이 보인다. 겨우, 껍데기만 살아서 몸부림을 친다. 삼복더위에도 식은땀을 흘리며 산다. 점심에 설렁탕을 먹었다.

굴뚝새

굴뚝새에게 굴뚝은 북풍과 한설로부터 온기를 지켜주는 든든한 기둥이다.

2010년 쌍용자동차 노동자들이 평택공장 70미터 굴뚝에 올랐다.

2009년 울산 현대미포조선 용인기업 복직문제를 두고 노동자이 100미터 예전만 굴뚝에 올랐다.

2006년 GM대우 비정규직 노동자들이 굴뚝에 올랐다.

2004년 삼양화성 전주공장의 사내 하청 노동자 6명이 원청회사의 탄압에 맞서 40미터 굴뚝에 올라 단식농성에 들어갔다.

2003년 전북 군산 기아특수강 해고자들이 복직을 요구하며 50미터 굴뚝에 올라 132일간 농성을 했다.

1998년 울산 현대자동차노조 전직 위원장 셋이 정리해고 철회를 요구하며 36일간 45미터 굴뚝 고공농성에 돌입했다.

1992년 창원 세일중공업에서 5명이 32미터 높이의 굴뚝에 올라가 '총액임금제 철폐', '경찰 병력 철수'를 요구하며 농성을 전개했다.

지붕이나 땅 위에서
폴짝폴짝 뛰어다니는 굴뚝새는 '초르초르' 하고 운다.

생명(生命)이란 본디
우는 것이다.
울어야 생명이 이어진다.

나는...아들이다

대학을 졸업 했어도
나는, 만석꾼 황씨네
머슴 놈의 자식이다
비싼 양복을 입고, 번쩍거리는 구두를 신고 다녀도
병든 신랑 버리고 도망친 못된 어미의 아들이다
남 보기 번듯한 회사 대리명함에
자가용을 타고 다녀도
나는, 병든 아버지의 가슴에 대못박은 자식이다
얼굴 반반한 아내와 자식을 낳고
내 가정을 이루며 살아도
중앙 시장 길모퉁이
야채 파는 서(徐)가네 장남이며
병들고 늙은 어미 시장바닥에 내몬
인정머리 없는 아들일 뿐이다

가벼운 지갑이 무겁다는 사실을
아버지는 내게 알려주시지 않고 떠나셨다
그 사실을 알기까지

어머니의 가슴에 늦가을 하늘빛을 남겼다
하늘빛이 너무 고와서 눈이 부시다고
늙으신 어머니의 눈이 자주 젖는다.
퍼내도 자꾸 샘솟는 그 맑고 깊은 속내를
난, 알고 있지 못하다

나는
불효자식이다

능소화

노을 앞에 다다라서야
세상에 숨을 붙여 놓는 일이
얼마나 아름다운 일인가 알게 되었다
바다와 하늘이
서로 마주보며 노을을 품은 것처럼
사는 일이란
사람은 사람을 품고
노을처럼 스러지는 일이다
저 하늘
절벽을 기어오르는 것이다
기어오르다가
붉게 떨어지는 일이다

망초꽃-2

아버지는 종이 호랑이였다 저녁 늦게 선술집을 휘돌아 돌아오는 날이면 어머니의 등짝 위에서 으르렁거리며 울부짖었다 식구들은 살기 위해 도망쳤다 열세 살 큰 누이가 뒷산으로 도망쳤는데 그 뒤 소식이 없다

가죽 때문에 죽은 호랑이처럼, 아버지가 돌아가시자 우리 식구들은 대문 밖 높게 걸려있는 아버지의 문패를 뜯어냈다

그 꽃은 그림자처럼 흔적이 없다
어둠 속에서도 눈이 부신 환한 그 꽃그늘 아래

그림자 하나 울고 있다

불행(不幸)의 힘

기차역에서 만난 노인은 그리워지는 여자와 결혼하라는 충고를 가볍게 여겼다. 봉천동 달동네 언덕길을 오를 때 대낮부터 취한 어느 여인은 '돈 많으면 천국인 세상, 돈 없으면 지옥인 세상' 이라고 술주정을 부렸다.

(세상은 피도 눈물도 없이 돌림판을 돌려 이기는 승자에게 배당을 몰아주는 프로그램으로 구조 되어있다. 그래야 공평하고, 다채로워지고, 더 번성할 수 있기 때문이다.)

낙엽이 지는 곳까지 돌이킬 수 없는 걸음으로 걸어왔다. 지나고 나면 쓸쓸하고 허무하다.

나는,
어떠한 인생을 당연한 것처럼
살아가고 있는가?

약국 가는 길

이유는 한가지인데 당신과 내가 아픈 곳이 다릅니다.

당신은, 먹은 것이 얹힌 듯 가슴이 답답하고 명치끝이 찌르는 아픔을 소화제 몇 알로 견뎌내고 계십니다.
나는, 머리가 아프다는 핑계로 가끔 두통약을 먹습니다.

세월이 약입니다. 그러나 세월이란 약은 약국에도 없습니다.
약국 가는 길, 긴 의자에 쓸쓸함이 앉아 있습니다.
그 쓸쓸함이 잊힐 때까지 소화제와 두통약을 사기 위해 우리는 약국으로 갈 것입니다

가끔은 약국 가는 그 길목, 초등학교 담벼락 위에 피었던 붉은 장미꽃이 하혈(下血)처럼 흐드러지게 무너져 내리고,

혹은 흐리거나
비가 내리거나...

연어

목욕탕에 가서 어린 아들놈의 등을 민다. 슬쩍 바다로 밀어 넣는다. 좀 더 멀리 떠나보내고 싶다 깊은 바다로 꿈처럼 떠났으면 좋겠다. 그 욕심에 나도 모르게 힘이 들어갔나 보다 아들놈이 아파 죽겠다고 엄살을 핀다. 아비의 깊은 뜻을 아직은 알 턱이 없는 아들놈이 내 등을 민다. 젖 먹던 힘까지 기를 쓰면서 속좁은 복수를 한다. 악! 등살이 찢어지도록 바다에서 강(江)으로, 강에서 계곡으로 힘껏 밀어 올렸다 벌게진 살갗을 보고 아들놈이 미안한 듯 웃는다. 되돌아보니 그 자리, 아버지가 내 등을 떠밀었던 자리다 먼 바다를 회유(回遊)하며 돌아와 아버지를 용서했던 자리였다 아버지처럼 나도 등지느러미가 붉어지고 있구나. 내가 받았던 것처럼 이젠 네게 베풀 수 있겠구나 무사히 살아서 돌아 왔구나.

치통(齒痛)

마흔이 넘도록 사랑니를 뽑지 않았다
남은 사랑니가 염증을 일으켜
가끔은 몸살 나게 아프다

사랑니가 아픈 까닭에
사랑니를 기억한다.

버릴 수밖에 없는 것을
버리지 못한 벌임을
나는, 알고 있다

그 여자의 기억이
치통처럼 아프다

꽃샘추위

계집은 품어야 제 맛이라고 했겠다.
그때까지는 참고 기다리자
사나이 오장육부(五臟六腑) 다 꺼내놓고
사탕발림 감언이설(甘言利說)로 꼬드겨나 보자
까짓것 하룻밤 풋 사랑인데 뭔 말인들 못할쏘냐.
너 아니면,
사나이 한목숨 황천(皇天)으로 가겠다고
큰 소리는 쳤지만

네게서 돌아오는 길
가슴깊이 치밀어 오르는
울컥한 자존심.

마지막 겨울

손톱

손톱 자르듯
그리움도 그렇게
또각또각
잘라내고 싶다

손톱이나 그리움이나
다 내 것인데
잘라내는 아픔은
왜 이렇게 다른지

손톱위에 물든
봉숭아 빛은
돌멩이에 짓이겨진
서러운 희망

슬프도록 그리운
내,
첫 눈(雪)
또각또각
잘라내는 아픔으로
가슴저려오는
봉숭아 빛 손톱

작품 해설

경계(境界)의 미학

노희정 (시인. 육필문학관 관장)

모든 존재의 '경계(境界)'는 그것의 외양을 이루면서 세계로부터 그 존재의 독자성을 확보해 주는 필수적 요소가 된다. 이런 점에서 경계는 존재의 안과 밖을 아우르는 좌표에서 내용과 형식의 벼리로서 기능한다. 따라서 어떤 존재의 참모습을 알아보기 위하여 '경계'를 고찰하는 일은 그 핵심에 접근하는 유용한 수단이 되는 것이다. 살아오면서 겪은 사회의 다양한 현실을 감성적 언어로 표현하고 있는 정병호의 첫 시집 『약국 가는 길』은 특히 '경계'를 살펴보는 일이 중요하다고 판단된다. 어찌 보면 이 시집에서 '경계'는 시세계를 함축하는 핵심어로 나타나 있기 때문이다. 먼저 「경계(境界)의 꽃」을 보자.

쥐똥나무를 심자
경계가 생겼다

나와 너의 경계,

낮과 밤의 경계,

그 경계위에
끼리끼리 무리지어 벽을 높이는 일,
이보다 더 확실한 경계는 없다는 듯
쥐똥나무를 심는다.

서로가 경계 근처에 서서
보수가 진보를 보고,
빈자가 부자를 보고,
낮은 자가 높은 자를
바라보고 있다

쥐똥나무 꽃이 피었다 시들어
그 발등에 쌓여도
아무도 관심이 없다

지금까지 살면서
쥐똥나무가 무너졌다는 소릴 들어본 적이 있는가?

-「경계(境界)의 꽃」 전문

사회인의 일원으로 화자는 쥐똥나무를 심음으로써 나와 너와, 낮과 밤의 경계를 쌓았다. 인간적인 일인칭에서 이인칭의 경계가 생겼고 생물학적인 낮과 밤의 경계에 이르러 끼리끼리 무리지어 자기들만의 이상 국가를 만든다. 정병호는 오랜 세월 사회생활을 한 사회인으로서 세상이 만들어 놓은 제도 속에서 로봇처럼 생활을 해 왔을 것이다. 그런 사회 구성원 속에서 화자는 빈부의 격차를 체험했을 것이고 정치적인 측면에서도 보수와 진보들의 아귀다툼 속에서 쥐똥나무를 심으면서 경계의 담을 쌓는다.

짬짜면이란게 생겼다.
짬뽕도 먹고 짜장도 먹고

경계를 기준으로 나누어진
짜장과 짬뽕
짜장을 짜장답게,
짬뽕을 짬뽕답게 지켜내는
저 완고한 고집

넘어서면 개밥이 되어버리는
욕망의 경계.

갑과 을처럼,
정규직과 비정규직처럼,
보수와 진보처럼,
짓밟은 자와 짓밟힌 자처럼,

분명하고 확실한
삶과 죽음의 경계

이 명확한 경계를 거리낌 없이 넘나드는
나의 젓가락
아직 할 수 있다는 가능성과
이젠 할 수 없다는 아쉬움의
탐욕(貪慾).

짜장이 짬뽕이 될 수 없는
경계의 높이

짜장과 짬뽕을
제 마음대로 오고가는
내 젓가락

-「경계의 고집」 전문

시인의 관찰력은 먹이를 사냥하는 맹수의 눈과 닮았다. 그릇 사이에도 경계가 있다. 한쪽은 짜장 다른 한쪽은 짬뽕이 나온다. 이 시는 음식 담긴 그릇을 보면서 짜장을 짜장답게 짬뽕은 짬뽕답게 지켜내는 완고한 고집으로 표현했다. 더 나아가 갑과 을, 정규직과 비정규직, 짓밟은 자와 짓밟힌 자처럼 분명하고 확실하게 경계를 긋는다. 사실 절대로 넘을 수 없는 벽은 없다. 견고했던 동독과 서독의 장벽이 무너진 것처럼 화자는 거리낌 없이 넘나드는 자신의 젓가락을 통해 아직 할 수 있다는 가능성과 이젠 할 수 없다는 아쉬움의 양면성에 봉착한다. 하지만 세상엔 허물 수 없는 경계는 없다고 확신한다.

흐린 날에도
분명한 경계 저쪽,
더 짙은 어둠이 있다
수많은 선(線)들이
어둠속에 엉켜있다.
흐린 날,
시내버스를 타고 거리를 지나며
길거리 간판으로 내걸린
당신의 기억을
본다.
간판아래, 또렷하게 보이는
전화번호로
당신에게 전화를 걸지만
피자가게이거나
혹은, 하루의 운명을 점치는 점쟁이의 집이거나
잘못 걸린 통화로
종일,
뚜뚜뚜뚜뚜

불통.
흐린 날에도
분명한 경계 저쪽,
종점(終點)앞에서…

-「혼선(混線)」 전문

어두워진 오후, 비가 뚝뚝 떨어질 듯 잔뜩 흐린 날 퇴근길에 누군가를 만나서 한 잔하고 싶어 전화를 건다. 하지만 바람의 장난인가 허공에 매달린 수많은 선(線)들이 방해를 하고 있다. 이 시는 선(線)이라는 소재로 우리가 쉽게 생각할 수도, 느낄 수도 없는 디테일한 시적 소재를 발견하여 이미지로 구사하는 정병호의 뛰어난 시적 능력을 엿볼 수 있는 작품이다. 시란 한 순간에 숨이 탁 막히고 번개 맞은 듯 발걸음을 멈출 때 자연인이 되어 비로소 쓰이는 것이다. 흐린 날에도/ 분명한 경계 저쪽, 그 저쪽을 궁금하게 한다. 경계의 미학이 뛰어나다.

배롱나무가 물끄러미
풍경의 뿌리를 들여다본다.
오래된 미련은 서글픔처럼 조용하다
가만히 나를 들여다보면서
운다.

상처(傷處)다, 틈사이로 피었다가
틈사이로 꽃이 진다
이젠
마음속에 든 칼은 녹슬고,
무뎌지며

무례하지 않은 늦은 비가
결핍을 예감했을 때
가장 약한 신경, 가장 약한 근육이
일순 무너진 경계의 틈새로
스며들고 있다.

따뜻한 슬픔이
마음속 칼날을 시퍼렇게 세우고
파도처럼 돌아오고 있다

슬퍼도 가려운 귀,
푸른 댓잎위로 섞인 비에
우수수 목숨 지는 줄 알면서도
온몸을 바르르 떨며
몸과 마음의 경계를 지우고 있다

그늘 밖에서
자기 그림자를 보고 있다

-「배롱나무 풍경」 전문

완고했던 경계가 무너지고 있는 시다. 배롱나무가 풍경의 뿌리를 관찰하고 있다. 견고한 풍경 사이사이와 푸른 댓잎위로 섞인 비에 마음의 담장이 무너졌다. 이런 마음이 시인의 마음인 것이다. 자신을 가두었던 철창의 문을 열고 마음의 경계를 푼 자신의 그림자를 본 화자의 마음엔 평화의 물줄기가 흐를 것이다. 그늘 밖에서/자기 그림자를 보고 있다는 표현은 전형적인 액자 구조를 띄고 있다.

갈라진 틈 사이에서 광대나물이 꽃을 피운다.

씨앗 품어 꽃눈이 트는 틈이란,
마음의 가뭄으로 갈라진 틈이 아니다
빛을 받아들이는 여백이어야
비로소 한 생명을 품어 틔울 수 있는
틈이 되는 것이다

틈이 있음으로
열려 있음으로
기다림이 되는 것들을 헤아려 본다.

그래서 닿을 수 있는 길,
경계가 혼란스럽거든
기다림의 틈과 마주한 시간
그저 묵묵히 뿌리내릴 일이다

선불리 변명하지 말지어다.
때가 되면
잎이 나고
꽃이 피는 것을

-「틈」 전문

정병호의 시편들 속에서 '경계'란 어휘가 필자의 마음을 이끌었다. 사실 '경계'란 어휘는 시적 표현으로 부적합한 전문적인 단어다. 물론 시어가 될 수 없는 말은 없다. 틈이 있음으로/열려 있음으로/기다림이 되는 것들을 헤아려 본다./그래서 닿을 수 있는 길,/경계가 혼란스럽거든 /기다림의 틈과 마주한 시간/그저 묵묵히 뿌리내릴 일이다. 틈이 없는 생활, 틈이 없는 사람을 상상해 보자. 세상은 오아시스 없는 사막 같을 것이고 사람은 어떤 세파에도 꿈쩍하지 않는 목석같은 사람일 것이다. 틈이 있음으로 열려 있기에 그 틈 속으로 그리움도 기다림도 사랑도 이별도 스며들어 견고한 뿌리를 내리는 것이다. 이제 경계에 잎이 나고 꽃이 피기 시작하는 틈이 생기기 시작했다.

몸 전부에 습기가 덤벼든다.
열린 창문을 기웃거려보고, 수공예품 가게에 들려
눈 참견도 빼놓지 않고
나는, 여러 번
이 도시를 돌고 또 돈다.
미로(迷路)보다 더 난감한 골목길을 따라
물처럼, 누군가가 더 이상
그리워지지 않을 때까지 흐르다가
결국 제자리
망초 꽃 핀 자리로 되돌아온다.
뒤돌아보면 나는
수심 깊은 강 하나를 건너왔을 뿐이다
마침내 너에게 닿아서가 아니라
네게 가고 있다는 사실이 기쁨이었던 시절,
우수수 목숨 지는 줄 알면서도
길이, 길이 아닐 때
목마름의 절벽에서
몸과 마음의 경계를 지워낸
너, 망초 꽃.
유월의 장맛비속에서도 젖지 않고
허리에 바람을 안고 흔들리며
환하게 웃는 네 얼굴 위로
시위를 떠난 화살이 과녁에 꽂히듯
내 기억이 네게 침투한다.

망초 꽃그늘 아래
그림자하나 울고 있다

-「망초꽃」 전문

경계는 망초꽃으로 끝을 낸다. 망초꽃의 꽃말은 "가까이 있는 사람을 행복하게 해 주고, 멀리 있는 사람은 가까이 다가오게 해 준다"라는 것이다. 뒤돌아보면 나는 / 수심 깊은 강 하나를 건너왔을 뿐이다 / 마침내 너에게 닿아서가 아니라'/네게 가고 있다는 사실이 기쁨이었던 시절,/우수수 목숨 지는 줄 알면서도/길이, 길이 아닐 때/목마름의 절벽에서/ 몸과 마음의 경계를 지워낸/너, 망초 꽃. 경계에 대한 미학을 담은 시들은 형용할 수 없을 만큼 슬프면서도 아름답다. 그의 영혼 속으로 들어가 보고 싶다. 정병호의 시 속에는 다양한 경계를 넘어서는 휴머니즘이 짙게 깔려 있다.

아버지는
주발에 가득담긴
고봉밥을 드셨지요.

한나절, 들에서
열심히 일하시고 돌아와
허기진 배고픔을 채우셨지요.

가난한 삶이
고봉으로 가득한 밥그릇을
밥 한 톨 남기지 않고

비우는 일,
잘 비우는 일
주발 가득한 빈 허기를
잊지 않는 일

-「밥벌이」 전문

시 속 아버지의 시절은 역사적으로 가난한 시절이다. 화자의 아버지도 일선에서 열심히 일하고 들어와 허기진 배를 고봉으로 가득 담은 밥으로 채운다. 아버지의 노고가 있었기에 현재의 삶을 누리고 있다는 것을 화자는 잊지 않는 일로 보답한다. 자신이 고봉밥 먹기 위해서가 아닌, 가족들의 밥벌이를 위한 아버지의 고달픈 인생을 담담하게 표현했다.

내 영혼 가만히 손잡고
한 겨울을 견뎌낸 나무와
발에 차여도 화답하는 돌멩이의
가시밭길,
펄펄 끓는 역사를
온 몸으로 받아 넘기신

아! 아버지의
그 먼 길

-「손금」 부분

아버지는 너무 늦게 병원에 가셨다 아무것도 잡수시지 못하고 영양제와 진통제만 맞았다 돌아가시기까지 얼마나 배가고프셨을까 저승 가시는데도 배가 고프실까 하루 한 개씩 빵을 들고 아버지께로 갔다 언제나 내가 먹고 싶은 빵을 사들고 아버지에게 갔다 단팥빵도 가지고 가고 카스텔라도 가지고 갔다 밀가루 음식이 싫다고 땀에 전 아버지의 곰보빵을 먹고 목이 멘 기억도 가지고 갔다 곰보빵을 들고 아버지에게 가는 길에 우유식빵 냄새가 난다 난 한 번도 우유식빵을 가지고 아버지에게 간 적 없는데 아버진 어디서 저 맛있는 식빵을 구하셨을까 얼마나 맛있게 드시기에 온 숲이 배가 고플까

-「젯밥」 전문

한 겨울을 견뎌낸 나무와 / 발에 차여도 화답하는 돌멩이의 / 가시밭길, / 펄펄 끓는 역사를 / 온 몸으로 받아 넘기신 / 아! 아버지의 / 그 먼 길「손금」 부분은 밥함 톨 남기지 않고 먹던 시절 아버지의 처절했던 삶을 펄펄 끓는 역사로 묘사했다. 모진 겨울을 견뎌내신 아버지는 손금마저 지워진 채 다시 올 수 없는 곳으로 떠나셨다. 「젯밥」에서는 아무것도 잡수시지 못하고 돌

아가신 아버지에 대한 간절한 그리움을 빵을 소제로 슬픈 기억 한 토막을 꺼내 산문형식으로 물 흐르듯 그려냈다. 젯밥 하면 하얀 쌀밥에 소고기, 무, 두부 넣고 탕을 끓여 제사상에 올리는 것을 일반적으로 생각한다.

세상의 관심이 지나쳐 가는 동안

혼자서 밥을 먹고
혼자서 차(茶)를 마시고
혼자서 노래하고…

어지러운 마음에
슬픔이며, 한탄이며
가라앉힐 것은
억지로 가라앉힌
앙금.

*쌀랑쌀랑 싸락눈이
창(窓)밖으로 내리는
저녁,

거울을 들여다보며
아무리 찾아보아도
보이지 않는

낯선 여자
혼자가 된
시든 꽃

*백석의 시(詩)에서 인용

-「아내의 화장」 전문

정병호는 오랜 세월 함께한 아내에 대한 연민을 거울을 들여다보며/아무리 찾아보아도/ 보이지 않는/ 낯선 여자/혼자가 된/시든 꽃으로 표현했다. 세상의 아내들이 이 시를 읽으며 더러 화를 낼지도 모른다. 하지만 화자만이 느끼는 상황은 아닌 것 같다. 2~30년 결혼 생활의 끝은 혼자 밥 먹고 차 마시고 노래하는 부부들이 늘어나고 있다. 소홀했던 아내에 대한 미안함을 화자는 한 편의 시로 승화시켰다. 화자의 인간적인 내면을 들여다 볼 수 있는 시다.

정병호의 첫 시집 『약국 가는 길』에는 「꽃샘추위」 「천왕성」 등에서는 너 아니면 사나이 한목숨 황천으로 가겠다는 목숨 건 사랑이야기가 있다. 첫 시집을 내면서 가장 중요한 주제 중에 하나가 사랑을 빼놓을 수 없다. 주머니 속에 첫사랑 하나 정도는 넣고 살다가 간식 빼 먹듯 아린 추억을 한 올 한 올 빼서 시로 승화시킨다. 「천왕성」 부분에서는 난, 네게서 / 가장 멀리 떨어져 있어. / 가장 멀리 있어도/눈 감으면 보이는 / 가장 빛나는 / 별 하나 있다고 노래하고 있다. 순수했던 시절의 추억들이 되새김 되면서 연시로 탄생한 것이다. 추억이 있는 사람은 그렇지 못한 사람보다 행복하다.

손톱위에 물든
봉숭아 빛은
돌멩이에 짓이겨진
서러운 희망

슬프도록 그리운
내,
첫 눈(雪)

또각또각
잘라내는 아픔으로
가슴저려오는
봉숭아 빛 손톱

- 「손톱」 부분

봉숭아물을 들이고 첫눈이 올 때까지 물이 안 빠지면 첫사랑이 돌아온다는 말이 있다. 봉숭아물의 전설을 기다리다 지쳐서 손톱위에 물든 / 봉숭아 빛은 /돌멩이에 짓이겨진 / 서러운 희망을 또각또각 잘라내고 있는 것이다.
화자의 감각과 촉수는 그리움으로 통해 있으며 가슴 저려오는 애틋함으로 사유하고 있다.

노을 앞에 다다라서야
세상에 숨을 붙여 놓는 일이
얼마나 아름다운 일인가 알게 되었다
바다와 하늘이
서로 마주보며 노을을 품은 것처럼
사는 일이란
사람은 사람을 품고
노을처럼 스러지는 일이다
저 하늘
절벽을 기어오르는 것이다
기어오르다가
붉게 떨어지는 일이다

-「능소화」 전문

임금님을 사모하고 기다리다 죽은 가엾은 궁녀 소화의 혼이 되살아나는 듯한 시다. 노을 앞에 와서야 세상에 숨을 붙여 놓는 일이 얼마나 아름다운 일인지를 알게 되었다. 누구나 「능소화」에 표현된 시처럼 사람은 사람을 품고 저 하늘 절벽을 기어오르다 붉게 뚝 떨어지는 것이리라. 일상에서 보이는 갖가지 생각들이 시인의 삶을 어떤 무늬로 만들고 그것이 어떤 시적 표현에 의해 새롭게 재생되는가를 생각하게 하는 시다.

> 목욕탕에 가서 어린 아들놈의 등을 민다. 슬쩍 바다로 밀어 넣는다. 좀 더 멀리 떠나보내고 싶다 깊은 바다로 꿈처럼 떠났으면 좋겠다. 그 욕심에 나도 모르게 힘이 들어갔나 보다 아들놈이 아파 죽겠다고 엄살을 핀다. 아비의 깊은 뜻을 아직은 알 턱이 없는 아들놈이 내 등을 민다. 젖 먹던 힘까지 기를 쓰면서 속 좁은 복수를 한다. 악! 등살이 찢어지도록 바다에서 강(江)으로, 강에서 계곡으로 힘껏 밀어 올렸다 벌게진 살갗을 보고 아들놈이 미안한 듯 웃는다. 되돌아보니 그 자리, 아버지가 내 등을 떠밀었던 자리다 먼 바다를 회유(回遊)하며 돌아와 아버지를 용서했던 자리였다 아버지처럼 나도 등지느러미가 붉어지고 있구나. 내가 받았던 것처럼 이젠 네게 베풀 수 있겠구나 무사히 살아서 돌아왔구나.
>
> -「연어」 전문

정병호는 아버지에 대한 몇몇 시편을 통해서 아버지의 삶을 되새김하며 추억하고 있다. 「연어」는 현실로 돌아와서 아들하고 목욕탕에서 서로 때를 밀어 주면서도 아버지에 대한 회상에 젖는다. 아버지는 아들이 큰 꿈을 품고 더 넓은 세상으로 나아가길 바라면서 아들을 바다로 슬쩍 밀어 넣는다. 아들은 아버지의 큰 뜻을 알 리 없다. 아들이 아버지에게 복수하는 철없는 행동을 보면서 느낀 감정과 과거 화자의 아버지가 아들에게 바랐던 것이 무엇이었는가를 깨닫는다. 아들과 목욕하면서 안도현의 어른들을 위한 동화 『연어』를 떠올렸을지도 모른다. 은빛연어의 도전 정신과 올곧은 행로를 통해서 세상을 살아가는 것이 결코 만만치 않다는 것을 아들에게 암시한다.

연어는 모천회귀성이 있다. 부화가 되어 바다로 나갔다가 자신이 태어난 곳으로 돌아와 알을 낳고 다시 부화를 하고 생을 마감 한다. 「연어」는 아버지로서의 부성애와 아들로서 아버지에 대한 그리움이 오버랩 되어 있다. 넓은 시야로 정병호의 인간적인 풍부한 감성이 바다처럼 깊게 녹아 있다.

하늘가득
외 날개 나비 떼들이
와락 달려든다.

나는,
꽃이다
만개(滿開)한 생(生)이다

-「大雪」 전문

시는 말로 그리는 그림이다. 「大雪」처럼 적절한 언어로 자신의 마음과 감정을 진솔하게 은유나 상징 등으로 표현하는 상상의 그림이다. 이러한 작품들은 하늘과 땅의 경계에 내리는 '눈'을 시인과 독자의 경계로 옮겨 와서 '꽃'으로 활짝 피워내는 신통력을 발휘한다. '경계'를 발견하고 그 가치를 천착하면서 존재와 우주의 좌표를 아름답게 그려내고 있는 정병호의 첫 시집 『약국 가는 길』 출간을 축하한다.

약국가는 길

초판 발행일 2016년 12월 01일

지은이 정병호
펴낸이 김미희
펴낸곳 몽트

출판등록 2012.12.20 제 2014-0000-38호

주소 안산시 단원구 선부광장북로 36
전화 031-501-2322 팩스 031-501-2321
메일 memento33@hanmail.net

값9,000원
ISBN 978-89-6989-024-5 04810
ISBN 978-89-6989-022-1 (세트)